U1016972

诗和远方

SHI HE YUAN FANG

创美工厂

中国友谊出版公司

图书在版编目（C I P）数据

诗和远方 / 创美工厂编. -- 北京 ：中国友谊出版公司，2017.9
ISBN 978-7-5057-4189-8

Ⅰ. ①诗… Ⅱ. ①创… Ⅲ. ①本册 Ⅳ. ①TS951.5

中国版本图书馆CIP数据核字(2017)第223855号

诗和远方

出 品 人 许 永 **设计总监** 海 云
责任编辑 许宗华 **插图&设计** 石 英

创美工厂 编	著者	印次	2017年12月第1次印刷
中国友谊出版公司	出版	书号	ISBN 978-7-5057-4189-8
中国友谊出版公司	发行	定价	48.00元
新华书店	经销	地址	北京市朝阳区西坝河南里17号楼
北京中科印刷有限公司	印刷	邮编	100028
787×1092毫米 32开	规格	电话	(010) 64668676
6印张 10千字		版权所有，翻版必究	
2017年12月第1版	版次	如发现印装质量问题，请与承印厂联系退换	

惠特曼。 创造了诗歌的自由体

1819 年—1892 年

美国著名诗人

草叶集

沃尔特·惠特曼

人文主义者

《草叶集》是 19 世纪美国作家惠特曼的浪漫主义诗集，共收有诗歌三百余首，诗集得名于集中这样的一句诗：“哪里有土，哪里有水，哪里就长着草。”诗集中的诗歌便像是长满美国大地的芳草，生气蓬勃并散发着诱人的芳香。它们是世界闻名的佳作，开创了美国民族诗歌的新时代。

当去年的紫丁香在庭前绽放，
而那颗巨星早已在西方的夜空陨落，
我曾经哀悼，且要在年年春天回来时哀悼。
年年回来的春天，你总带给我三件东西，
年年绽放的紫丁香，西方陨落的星星，
以及对我所爱的他的思念。

心情愉快地漫步到大路上，
健康而自由，面对整个世界，
我面前有一条长长的褐色道路，引领我
任何我想去的地方。

我闲游，并邀我的灵魂同往，

我悠闲地俯视一片夏天的草叶。

我信仰情欲和各种欲望，
视觉、听觉和感觉是神奇的，
我的每一个部分、
每一个片段都是奇迹。

我窗前的一朵牵牛花比书本中的哲理
更令我满意。

如果你愿意，就把我放在你的衣服里面，
在那里我可以感觉到你的心跳，
或者靠在你的大腿上，
让你带我到陆地或者海上去游历；
因为只要能这样触碰你就够了，就好了，
而这样触碰你时，我会安静地睡着，
永远让你带着我。

我是肉体的诗人，也是灵魂的诗人，
天堂的欢乐与我同在，地狱的痛苦也与我同在，
我把前者移植在身上使其增长，
我把后者译成新的语言。

一个雄辩而静默的伟大母亲的语言，
对她的孩子来说是从不失效的，
真实的语言从不失效，因为行动不会失效，
反应不会失效，
白天与黑夜不会失效，我们所踏上的旅程
也不会失效。

我发誓我领悟到的东西比语言能形容的

最好的东西更好，

最好的东西往往无法用言语诉说。

我全部的冒险中都充满你，
我的想法和计划都按照你的旨意开始和执行，
为你而航行于大海，跋涉于陆地；
意向、主旨和抱负是我的，但成果都归于你。

一只神圣的手把我眼睛上的封条揭开了，
仿佛出现了奇迹，
一些朦胧的巨影微笑着，穿过天空和大气，
无数的船只在辽阔的海涛上航行，
我听见一些新的语言的赞歌向我招呼致意。

我将自己遗留给泥土，好让我在所爱的
草丛里生长，
如果你要寻找我，请在你的靴子底下寻觅。
如果你一时找不到我，仍要保持信心，
一处不见，就到另一处寻觅，
我总会在某处等你。

我记得在我的叶子还没萌芽前我就说过，
我要欢愉坚强，为圆满的结局高歌。

伙伴，这不是书本，
谁碰触它就是在碰触一个人，
你所拥抱的是我，而我在拥抱你，
死亡唤我出来，我从书中跃出，
投入你怀里。

歌颂我的时代
歌颂今天的伟大成就，
歌颂工程师创造出坚固而轻巧的产品，
我们的现代奇迹，
在旧世界东方有苏伊士运河，
新大陆已被它宏伟的铁道所盘踞，
可是最先发声的，永远发声的，
与你一起呼喊的，灵魂哟，
是过去！过去！过去！

我活得像我自己，这已经足够，

即使世上无人知晓，我也能满足地坐着，

即使世上所有人都知晓，我也能满足地坐着。

我赞美我自己，歌颂我自己，
我所承担的一切，你也必须承担，
因为属于我的每一个原子，
也同样属于你。

我的立足点与花岗岩相连接，
我嘲笑你们所谓的崩毁溃散，
我知道时间是多么永恒无垠。

当星光闪烁，
长夜漫漫，在长满青苔的木桩上，
几乎就在拍击的浪涛中，
坐着那位孤独、奇妙、引人落泪的歌手。

究竟人是什么？我是什么？你是什么？

在僻静幽深的沼泽里，

一只羞怯的鸟藏身林间，哼唱一首歌曲。

我宣告一个生命诞生，丰饶、热烈、灵动、勇敢，

我宣告一种结局，它将轻盈、愉悦地传达自己的意思。

我说不出我的脚踝如何会弯曲、
我最微小的愿望来自何处、
也说不出我付出友情的理由、
以及我重拾友情的理由。

灵魂的技艺也得借助大地无声的语言，

大师们熟知大地的语言，并且运用它们多于

有声的语言。

我发誓对于一个完全的男人或女人，
大地也一定是完全的，
只有对于一个始终残缺不全的男人或女人，
大地才会是残缺不全的。

从此我不再要求幸福，我自己就是幸福，
从此我不再呜咽，不再踌躇，不需要什么，
告别了室内的抱怨、图书馆和埋怨批评，
我强壮而满足地在大路上旅行。

在白昼炫目的光芒消失之后，
只有黑而又黑的夜向我的眼睛显示星星；
在宏伟的风琴、合唱队、完美的乐队的铿锵声消失之后，
寂静地，越过我的灵魂运动的，是那真正的交响乐。

啊，我现在看出生命无法向我展示所有的一切，正如那一天不能一样，

我看出我必须等待将由死亡展示给我的东西。

别人会赞美自己喜欢的事物；

可是我，来自奔流的密苏里沿岸的人，不赞美艺术，或是其他任何东西，

除非它充分吸收了这条河的气氛，还有西部大草原的芬芳，

并把这一切再次释放。

对我来说，光与暗的每一个时辰都是一个奇迹，

每一立方英寸的空间都是一个奇迹，

大地的每一平方码都铺展着同样的东西，

每一英尺之内都拥挤着同样的东西。

作为夏天的雨水积存的结果，
或者秋天任性流淌的小溪，
或者纵横交织的岸边长满香草的小河，
或者奔向大海的地下的流水，
我唱着持续的岁月之歌。